El picnic de los insectos

Cuento de Anne Rockwell

**Ilustraciones de
Meryl Henderson
Traducción de Juan Milá**

SRA

A Division of The McGraw-Hill Companies

Primero oí cantar un grillo en la hierba. Me gustó mucho la canción que cantaba.

2

Después oí las abejas
zumbando entre las flores.

Unas hormigas diminutas
avanzaban en fila. Estaban
haciendo una montaña.

Una oruga mordisqueaba
una hoja muy, muy verde.

6

Pronto será una mariposa.

Un escarabajo sanjuanero me
sorprendió cuando pasó
volando cerca de mí.
¡Hizo un ruido tan fuerte!

Vi un nido hecho por avispas.
Parecía un trozo de papel gris,
viejo y arrugado.

Encontré una envoltura de larva de cigarra.

11

Se la mostré a mi papá.
Una mosca se posó en
mi manzana. Le dije:
—¡Fuera, mosca! Y la
mosca se fue volando.

13

Vi un saltamontes.
Era verde como una hoja.

Las alas de la libélula
parecían hechas de encaje.

—Hola —le dije a la mariquita que vino a descansar sobre mi mano. Aquella mariquita y yo éramos amigos.